Lioba Albus

Frau Mittelkötter kennt sich aus

HERDER / SPEKTRUM

Band 4474

Das Buch

Frau Mittelkötter, das ist Lioba Albus, wenn sie auf die Bühne kommt: so um die 50, mit direktem Zugriff aufs Leben und vor allem auf die Männer – denn sie redet schon ganz „abgeklärt": je direkter und witziger, desto lieber. Ihre Erfahrung: Männer verschleiern oft ihre eigentliche Aussage – und Absicht. Und dies herauszufinden, darin kennt sich Frau Mittelkötter – aufgrund langjähriger Erfahrung – aus. Ob es um Schönheit, ums Einkaufen, ums Auto geht – eben um alles, was den Mann betrifft: Sprüchen wie: „Doch, dein neues Kleid sieht interessant aus" kommt sie gleich auf den Grund. Oder was ist von der zärtlichen Rede zu halten: „Liebling, du siehst müde aus"? Die Auflösung findet sich im Buch ... Lioba Albus läßt ihre Frau Mittelkötter nicht nur die typischen Sprüche entschlüsseln, die Frauen überall begegnen, sondern nimmt die Leserinnen auch mit in ihre Erfahrungswelt: Szenen und Erlebnisse aus dem alltäglichen Leben führen in die Kapitel ein. Und dabei gibt's schon einiges zu lachen ...

Die Autorin

Lioba Albus ist Kabarettistin mit Fernsehauftritten u.a. im WDR (KuK) und in Rundfunksendungen. Sie lebt in Dortmund. Frau Mittelkötter ist eine ihrer bekanntesten Figuren. Zahlreiche Tourneen im deutschsprachigen Raum.

Lioba Albus

Frau Mittelkötter
kennt sich aus

Was Männer meinen,
wenn sie etwas sagen

Herder

Freiburg · Basel · Wien

Gedruckt auf umweltfreundlichem,
chlorfrei gebleichtem Papier

Originalausgabe

3. Auflage

Inhalt

Vorwort

Mia Mittelkötter – Die Frau, die sich auskennt

Eine Frau in den besten Jahren, eine Frau, die alles kennt, alles hört und auch darüber spricht! Renitent, radikal und rustikal, erfrischend wie ein sauerländisches Gebirgsgewitter und sensibel wie ein westfälisches Kaltblut packt sie jedes heiße Eisen an. Sie schreckt vor den intimsten Themen nicht zurück, und mit flinker Zunge schlägt sie Brücken zwischen prominent und privat, zwischen großer Welt und kleinen Nöten.

So eigenwillig wie die Frau, so auch der Landstrich, aus dem sie stammt: das Sauerland. Durch Heinrich Lübke zu unerreichter Berühmtheit gelangt, definiert Frau Mittelkötter es als das Land, in dem der Mann noch nach Mann riechen darf und die Frau ihre Schönheit gleich den vielen Tropfsteinhöhlen tief im verborgenen trägt.

Als ich 1993 von dem WDR-Fernsehmagazin KuK den Auftrag bekam, für eine wöchentliche Klatschkolumne eine Figur zu entwickeln, die einem bestimmten Genre, nicht aber dem damit verbundenen Cliché entspricht, bin ich einige Zeit tief in mich und meine sauerländischen Kindheitserinnerungen gegangen. Und am 1. April 1993 wurde Frau Mittelkötter unter den staunenden Augen des WDR-Kamerateams um 17.20 Uhr ohne Schmerzen geboren: Seitdem hat sie sich für obige Sendung mehr als fünfzigmal über den Bildschirm und in die Haushalte gequasselt, ist gern gesehene Gästin bei anderen Radio- und Fernsehsendungen und begleitet mich bei meinen kabarettistischen Gastspielen auf Deutschlands Kleinkunstbühnen. Böse Zungen sagen über mein alter ego: Sie redet schneller, als sie denkt. Allein Frau Mittelkötter und ich wissen: sie braucht gar nicht erst zu denken, sie schöpft ihre Weisheit aus tief verborgenen Quellen sauerländischer Uteralphilosophien!

Begegnen Sie ihr deshalb mit Achtung, Respekt und vor allem mit viel Spaß!

Einleitung

Meine Schöpfungsgeschichte

Gott ist ein Mann! Entgegen allen Behauptungen durchgedrehter Frauenrechtlerinnen habe ich den Beweis, daß Gott ein Mann ist.

Wohl hat sich die Schöpfungsgeschichte wesentlich anders zugetragen, als es heute landläufig so dargestellt wird! Nach gründlichen Recherchen und Überlegungen meinerseits bin ich nun in der glücklichen Lage, der Welt die richtige Fassung der Weltgeschichte präsentieren zu können, und zwar so:

Gott – wie gesagt, ein Mann – war mit der Erschaffung der Welt ganz außerordentlich zufrieden. Und just wie er da auf seinem Thron hockt und sich seine göttlichen Hände reibt, merkt er, daß es so recht niemanden gibt, der sich an seinem Meisterwerk mitfreuen könnte. So spaziert er nachdenkenderweise durch den Garten Eden, und als er gerade in einen Pfirsich beißen will, kommt ihm die Erleuchtung:

Ich erschaffe ein Wesen, das mir in Schönheit, Klugheit und Güte ebenbürtig ist, dessen Anblick mich über alles erfreut, mit dem ich mich auf das Angenehmste unterhalten kann, und das mir trotzdem nicht in allen Punkten gleicht: die Frau! Gedacht, getan! Gott machte sich sogleich an die Arbeit und schuf Eva, die erste Frau. Nachdem er von dem Ergebnis so überaus begeistert war, kam er in einen regelrechten Schaffensrausch, schuf Frauen über Frauen; große, kleine, dicke, dünne, schöne und eigenwillig schöne. Kurzum, die ganze Welt war von einer wunderbaren Frauenvielfalt bevölkert, wie wir es auch heute noch haben! Gott war glücklich, die Frauen auch! Irgendwann aber begegnete Eva, wir erinnern uns, die erste, auf ihrem Spazierweg einer Schlange. Die Schlange schlängelte sich an Eva heran und fragte: „Eva, bist du eigentlich so richtig zufrieden?" Dies ist nun aber tatsächlich die einzige Frage, die man einer Frau nie stellen sollte! Eva dachte nach, es kam ihr aber so recht nichts in den Sinn, worüber sie unzufrieden sein sollte, und schon allein das bereitete ihr ein leichtes Unbehagen. Einmal Zweifel ausgelöst, fühlte die Schlange sich in ihrem Element: „Dir ist doch langweilig, Eva! Denk mal, wie schön es wäre, wenn es irgend etwas gäbe, das dir die Zeit verkürzt!" Eva war noch unsicherer; etwas das die Zeit verkürzt, darunter konnte sie sich nichts vorstellen! „Am schnellsten geht die Zeit herum, wenn du etwas hast, worüber du dich so richtig ärgern kannst! Denk einmal mit deinen Schwestern drüber nach!" zischelte die Schlange, zwinkerte zweideutig und war verschwunden.

Von dem Tag an waren die Frauen nicht mehr ganz glücklich, ständig mußten sie darüber nachdenken, worüber sie sich wohl ärgern könnten, und schließlich gingen sie in ihrer Not zu Gott. „Na, meine Schönen, was führt euch zu mir?" fragte Gott in der ihm eigenen Güte. „Ach", meinten die Frauen „wir langweilen uns so! Kannst du uns nicht irgend etwas erschaffen, das uns so richtig ärgert?" Gott dachte lange und gründlich nach, was die Frauen wohl ärgern könnte: Schmeißfliegen? Pest? Fußpilz?

Schließlich kam ihm eine Idee, und er schickte sie in den Garten Eden mit dem Auftrag, möglichst viele Äpfel von dem Baum zu essen, dessen Äpfel noch nicht reif waren! Die Frauen taten wie ihnen geheißen, aßen in unerhörten Mengen kleine, grüne Äpfel, und in der Nacht überkam sie ein ganz gewaltiges Bauchgrimmen!

Es war ein großes Stöhnen und Wehklagen im Garten Eden, und als das Geschrei seinen Höhepunkt erreicht hatte, gebaren alle Frauen unter Schmerzen ein kleines Menschlein!

Diese Menschlein nun waren gar possierlich anzuschauen, und die Frauen wußten nicht so recht, was an diesen kleinen Wesen so Ärgerliches sein sollte. (Eine Erkenntnis, die sie später um so heftiger überfallen sollte!) Sie untersuchten diese

Menschlein voll Erstaunen und Begeisterung und stellten fest, daß sie ihnen nicht ganz unähnlich waren, bis auf ein winziges Detail, das sich zwischen den Beinen des kleinen Wesens befand, dessen Funktion sie sich nicht erklären konnten und das sie auf ewig an die Schlange erinnern sollte, die sie zu dieser eigenartigen Erschaffung angestachelt hatte!

Die ersten Jahre des Zusammenlebens gestalteten sich durchaus recht angenehm, wenngleich die Frauen merkten, daß diese kleinen Wesen sehr viel Zeit in Anspruch nahmen. Außerdem gab es eine weitere Tatsache, die ihnen Kopfschmerzen bereitete: So sehr sich die Frauen auch bemühten, den kleinen Menschlein das Sprechen beizubringen, die kleinen Wesen wollten es einfach nicht lernen! Vielmehr beschränkten sie sich darauf, durch geknurrte, gutturale Laute auf sich aufmerksam zu machen und sich ansonsten auf die Verständigung durch Körpersprache zu beschränken! Zunächst hofften die Frauen, daß sich dieser Schaden durch zunehmende Reife von allein beheben würde, doch auch die zunehmende Reife stellte sich ausschließlich auf der körperlichen Ebene ein! Sie wurden immer größer und kräftiger, im Gesicht wuchsen ihnen erstaunlicherweise Haare, am Hals prangte ihnen ein kleiner Knubbel, der an kleine, unreife Äpfelchen erinnerte, und nach Adam benannt wurde, an dem dieses Phänomen zum ersten Mal entdeckt wurde. Auch die kleine Schlange zwischen den Beinen wuchs, und zunehmend fingen die Wesen an, damit zu protzen, ohne daß den Frauen so recht klar war, was den Mann an diesem Gebilde so mit Stolz erfüllte. Kurzum, das Zusammenleben gestaltete sich immer schwieriger, aber am meisten quälte die Frauen nach wie vor die Tatsache, daß dieses neuartige Wesen durch nichts zum Sprechen zu motivieren war.

Eines Tages gingen sie geschlossen zu Gott und beklagten sich bitterlich: „Was haben wir von deiner neuartigen Erschaffung, wenn wir noch nicht einmal damit reden können?" Gott schmunzelte und erinnerte die Frauen an ihren Wunsch, etwas zu bekommen, worüber sie sich ärgern könnten. „Gut", antworteten sie, „wir haben uns genug geärgert, schaff das Wesen wieder ab!" Da wurde Gott zum ersten und einzigen Mal etwas ärgerlich, denn schließlich war ihm seine neuartige Erschaffung körperlich nicht ganz unähnlich. „Wenn ihr wollt, daß der Mann mit euch spricht, so bringt es ihm bei! Aber ich warne euch: Meine Schöpfung ändern heißt nicht, sie zu verbessern!"

Die Frauen aber waren so entgeistert von der Sprachlosigkeit des Mannes, daß sie alle Warnungen in den Wind schlugen. Bald schon fanden sie heraus, daß der Mann einen wirklichen Schwachpunkt hatte: Er konnte es nicht ertragen, nicht beachtet zu werden! Darum straften alle Frauen von Stund an die Männer mit absoluter Nichtachtung. Die Männer konnten noch so winseln, grunzen und versuchen, durch waghalsige Kunststückchen auf sich aufmerksam zu machen, die Frauen blieben eisern ablehnend und forderten von den Männern, sie müßten aussprechen, was sie wollten.

Dieser erbitterte Machtkampf zog sich über Wochen und Monate hin, und irgendwann waren die Männer so verzweifelt, daß sie anfingen, mit den Frauen zu sprechen! Anfangs noch unbeholfen und holprig, später immer flüssiger. Die Frauen waren so begeistert über ihren Sieg, daß sie in ihrer Euphorie gar nicht bemerkten, welch unüberwindlichen Widerwillen die Männer gegen diese Verständigungsform behielten! Und um sich an den Frauen für den Sieg im ersten, entscheidenden Kampf der Geschlechter zu rächen, gewöhnten sie sich an, in Metaphern zu sprechen. Erst als sich bei den Frauen die Begeisterung über ihren Sieg gelegt hatte, merkten sie, daß die Männer zwar nun mit ihnen sprachen, wirklich verstehen konnten sie sie aber nicht! Und dieser Zustand hat sich bis zum heutigen Tag erhalten ...

Weil Gott aber die Quälerei auf beiden Seiten nicht mehr mit ansehen konnte, schickte er mich mit der Fähigkeit in die Welt, nicht nur als Frau die Männer zu verstehen, sondern ihre Sprache auch ins Allgemeinverständliche übersetzen zu können. Ich betrachte dieses Buch also als bescheidenen Dienst an der Menschheit und wünsche viel Vergnügen beim Lesen!

Erstes Kapitel

Der Mann auf der Pirsch

Der Mann ist wie eine Sahnetorte

Junge Menschen machen sich ja heutzutage oftmals die verrücktesten Vorstellungen vom Leben und speziell von der Partnerschaft. Meiner Tochter ist ja auch vor einiger Zeit der Mann so schäbig weggelaufen! Wobei, die Bezeichnung „Mann" ist in jeder Beziehung übertrieben, und verheiratet waren sie auch nicht! Die haben das praktiziert, was heute so in aller Munde ist: wilde Ehe! Was daran wild gewesen sein soll, hat sich mir allerdings nie aufgedrängt – der hat doch meistens rumgelegen, der Kerl. Aber zum Weglaufen hat die Kraft noch gereicht. Dabei habe ich meiner Tochter immer schon gesagt: Für die Frau ist es besser, wenn geheiratet wird! Da hat sie was Festes in der Hand, und der Mann überlegt sich das dreimal, ob er Fisimatenten macht, schon aus finanziellen Gründen. Und fest im Sattel sitzend kann eine Frau auch schon mal über das ein oder andere hinwegsehen. Das hab ich auch gemußt. Wenn ich bedenke, was meiner mir so angetan hat all die Jahre, da hätte ich aber hundertmal Grund gehabt, den vor die Tür zu setzen! Aber man hat es nicht getan. Man hat ausgehalten. Ja, und irgendwann guckt man auf zwanzig Jahre Ehe zurück und sagt sich: Bitte, ist doch auch irgendwie rumgegangen, die Zeit.

Aber das will ja heutzutage keiner mehr. Die wollen ja alle nur was Besseres und noch was Besseres. Und wenn Sie mich fragen: Was Besseres gibt es nicht. Ich sag immer zu diesen jungen Frauen: Was glaubt ihr, was das weh tut, wenn ihr nun einen Mann nach dem anderen ausprobiert, und irgendwann merkt ihr, ihr hättet genausogut beim ersten bleiben können. So groß sind da die Unterschiede nicht, wenn man mal von der Haarfarbe absieht. Mit den Männern, sag ich immer, das müßt ihr euch vorstellen, wie mit einer Sahnetorte.

Von weitem sieht das ganz lecker aus, das erste Stück schmeckt auch noch. Danach ist alles eine Frage des Durchhaltevermögens. Da kann einem auch schon mal schlecht werden. Aber darum geht es ja nicht. Man muß doch an die Allgemeinheit denken. Wer soll das denn bezahlen, wenn wir Frauen uns nicht um die Männer kümmern würden? So viel Pflegeversicherung kann die Menschheit doch gar nicht bezahlen, wie dann nötig wäre.

Und wenn das mit dem verheerenden Männerüberschuß so weiter geht, den wir da seit einiger Zeit haben, dann werden wir Frauen möglicherweise sogar in den sauren Apfel beißen und pro Frau zwei Männer nehmen. Diese Tatsache würde dann vor allem die deutsche Schlagerbranche komplett umkrempeln, und der deutsche Schlager müßte dann nicht mehr heißen: Stark zu zweit, sondern vielleicht: Fit zu dritt

Sie sehen, ich hab mich schon mal auf das Schlimmste eingestellt, denn wie heißt es doch so schön: Dum spiro spero!

Das ist lateinisch und bedeutet so viel wie: Der Dumme hofft, der Kluge ahnt!

„Du strahlst so viel Wärme aus!"

Du bist genau wie meine Mutter!

„Du hast so etwas Geheimnisvolles!"

Dein intellektuelles Niveau ist mir zu hoch!

„Ich bin ein ganz treuer Charakter!"

Mehr als eine Frau ist mir zu anstrengend!

„Männer sind nicht so emotional!"

Erwarte keine Liebeserklärungen von mir – daß ich mit dir zusammen bin, ist doch Liebesbeweis genug!

„Deine erotische Ausstrahlung haut mich einfach um!"

Wir haben jetzt lange genug geredet und sollten endlich miteinander ins Bett gehen!

„Meine letzte Beziehung hatte sich totgelaufen!"

Ich weiß auch nicht genau, warum meine Freundin mich vor die Tür gesetzt hat!

„Ich fühl' mich oft wie ein großes Kind!"

... und so möcht ich auch geliebt werden: kritiklos, aufopfernd und unbegrenzt!

„Mit jüngeren Frauen versteh' ich mich am besten!"

Je älter eine Frau wird, desto anspruchsvoller ist sie!

„Ich kann keine Frauen weinen sehen!"

Gefühlsduseleien sollten Frauen untereinander ausmachen!

„Ich mag es nicht, wenn Frauen sich so aufwendig zurechtmachen!"

> *Mir wird ganz schlecht bei der Vorstellung, daß ich das alles finanzieren soll!*

„Frauen sind einfach wunderbar!"

> *... und alles Wunderbare kann ein Mann nur in begrenzten Dosen verkraften!*

„Unsere Beziehung wird mir zu eng!"

> *Du bist mir fast wichtiger als mein Auto!*

„Du bist genau die Richtige für mich!"

Keine andere würde es mit mir aushalten!

„Laß uns heute nacht zu dir gehen!"

Meine Wohnung ist unordentlich, schmutzig und der Kühlschrank leer!

„Wir sollten mehr Dinge gemeinsam unternehmen!"

Ich will dieses Wochenende mein Auto mit dir waschen!

„Hausarbeit sollten Frau und Mann teilen!"

Aber ein Kavalier sollte den Löwenanteil weggeben können!

Der Duft des Mannes

Männer und Frauen sind sehr verschieden – ich meine aber immer, am verschiedensten seien die Männer. Und da muß ich mich immer wieder wundern, daß es trotz dieser unerhörten Verschiedenheit die Frauen doch immer wieder zu dem Mann hinzieht wie die Fliegen zum ... Obstkuchen, um es mal freundlich auszudrücken.

Das muß doch, unabhängig von der biologischen Notwendigkeit, einen tieferen Grund haben. Und da habe ich doch tatsächlich in einer dieser herrlichen Frauenzeitschriften eine wissenschaftlich fundierte Antwort gefunden auf diese philosophische Frage:

Und zwar stand da, daß wir Frauen in gewisser Weise abhängig seien vom männlichen Schweißgeruch! Ich war erst mal etwas erstaunt, aber da stand, wenn eine Frau regelmäßig den Schweißgeruch eines Mannes einatmet, dann tät' sich das positiv auf ihren Hormonhaushalt auswirken, und dann hätte sie einen stabileren Zyklus und eine bessere Haut! Hab' ich mir gedacht: Guck, sind sie doch zu was gut! Deswegen, wenn Sie mal eine Frau mit einer erklärtermaßen schönen Haut sehen, dann wissen Sie, daß die einen stark riechenden Mann zu Hause hat! Und umgekehrt, wenn Sie Probleme haben sollten mir Ihrem Zyklus oder der Haut, dann kriechen Sie doch nachts mal so richtig tief mit der Nase in die Achselhöhle ihres Mannes! Und wenn Sie keinen haben, dann besorgen Sie sich irgendwoher so ein richtig gut durchgeschwitztes Männerunterhemd, legen sich das auf's Kopfkissen, das tut auch seine Dienste und schnarcht wenigstens nicht!

Und wenn Sie da auch nicht dran zu kommen wissen, dann kommen Sie doch einfach mal mit ihrem PKW bei uns ins

Sauerland, kurbeln die Scheibe richtig runter, hängen die Nase in den Wind, denn bei uns, da braucht man an die Männer gar nicht so dicht ran! Und wenn Sie mir genau sagen, wann Sie kommen, bin ich auch gerne mal bereit, meinen eigenen für eine halbe Stunde an die Straße zu stellen! Da soll doch mal einer sagen, es gäb keine echte Solidarität unter Frauen! Also für Ihre Haut, da ist mir kein Einsatz zu hoch!!!

„Frauen, die viel Schmuck tragen, sind mir zu aufgedonnert!"

Das Herzeigen äußerer Statussymbole sollte den Männern vorbehalten bleiben!

„Ich mag Frauen, die wissen, was sie wollen!"

Solange sie es nicht von mir wollen!

„Ich achte bei Frauen immer zuerst auf die Augen!"

Ich kann doch auch nichts dafür, daß manche Frauen ihre Augen so tief tragen!

Heiraten ist mir zu konservativ!"

> *Woher soll ich wissen, ob ich nicht noch etwas Besseres finde?*

„Frauen sind nun mal das schwache Geschlecht!"

> *... und wenn du nicht schwach bist, bist du keine echte Frau!*

„Ich brauche mehr Zeit für mich!"

> *Ich möcht mich in Ruhe nach was Neuem umsehen!*

„Willst du mich heiraten?"

Dieses ewige Werben wird mir zu anstrengend, ich will mich endlich geben, wie ich wirklich bin!

„Laß uns doch zusammenziehen!"

Meine Mutter wird langsam zu alt, um meine Sachen in Schuß zu halten!

„Ich bin ein ganz natürlicher Typ – schon als Kind hatte ich eine Allergie gegen Gummisauger!"

Verhütung ist Frauensache!

„Meine Ex-Frau ist eine ganz geldgierige Ziege!"

Sie erwartet monatlichen Unterhalt für unsere Kinder!

„Die Ehe ist eine vernünftige Sache!"

Die Verhältnisse sind geklärt, und ich kann machen, was mir paßt!

„Meine Ex-Frau war mir zu anstrengend!"

Sie wollte ständig mit mir reden!

Zweites Kapitel

Der Mann im Rudel –
Familie und Partnerschaft

„Meine Frau ist eine phantastische Mutter!"

Es ist mir ein Rätsel, wie ein Mensch tagein, tagaus diesen ganzen Kinderkram ertragen kann!

„Ich lege keinen Wert auf aufwendige Geburtstagsgeschenke!"

Mir ist schon wieder nichts für deinen Geburtstag eingefallen!

„Wir müßten mal wieder miteinander reden!"

Nur heute bin ich leider absolut unansprechbar!

„Meine Frau ist eine perfekte Gastgeberin!"

Die Weinflasche zu öffnen, wenn wir Gäste haben, ist mir mehr als genug!

„Ich halte nichts von einer gemeinsamen Wohnung!"

Frauen setzen Männer so furchtbar leicht vor die Tür!

„Eigentlich bin ich ein häuslicher Typ!"

Ich komme nur irgendwie nie dazu, meinen Typen zu leben!

„Frauen sind die besseren Diplomaten!"

Liebling, ich habe vergessen, dir zu sagen, daß unser Vermieter heute nachmittag kommt! Aber du machst das schon!

„Eine Frau sollte sich auch wie eine Frau benehmen!"

... anlehnungsbedürftig, warmherzig, verständnisvoll, unselbständig und mit einem immer offenen Ohr für die Probleme des Mannes!

„Liebling, ich vermisse dich sehr!"

Ich habe seit Tagen nichts Warmes gegessen, die Kinder gehen mir auf die Nerven, und die Wohnung ist ein Dreckloch!

„Meine Frau und ich verstehen uns sexuell ganz prima!"

Sie weiß, was ich mag und was sie von mir nicht zu erwarten braucht!

„Du siehst müde aus, Schatz!"

Geh ins Bett und laß mich in Ruhe!

„Ich habe eine saftige Grippe, mir geht's ganz schlecht, aber mach dir keine Umstände, ich komm schon klar!"

Mach mir einen Tee, eine Wärmflasche, heiße Milch mit Honig, besorg mir Aspirin, massier mir den Kopf, mach mir Wadenwickel, ich bin kurz vor dem Ende!

Wenn Männer krank sind

Zu einer der größten Krisen innerhalb einer Familie gehört auf jeden Fall eine Erkrankung des Mannes. Sind Männer schon unter normalen Umständen schwierige Zeitgenossen, so sind sie im Krankheitsfalle schier unerträglich. Egal für welche Form des Leidens sich der Mann entschlossen hat, ob zu kilometerweit vernehmbaren Stöhnorgien oder ob er mit zusammengebissenen Zähnen klaglos mit weit aufgerissenen Augen seine Umwelt davon überzeugt, daß sein letztes Stündchen gekommen ist, nichts wirft den Familienalltag so sehr über den Haufen wie ein kranker Mann.

In solchen Momenten ist es manchmal wichtig, Hilfe von Stellen zu erhalten, von denen man es nicht erwartet hat. Vor einigen Monaten fing mein Mann nämlich an, sich über den schlechten Sitz seiner dritten Zähne zu beklagen, und in Zeiten der Gesundheitsreform überlegt ja jeder, ob er sich sein neues Gebiß nicht in einem VHS-Kurs selber bastelt. Kurzum, uns fehlte das Geld für den neuen Zahnersatz, und mein Mann war durch den ständigen Reibungs- und Druckschmerz so unleidlich geworden, daß unsere Ehe daran zu zerbrechen drohte. In meiner Not fiel mir das sogenannte achte Weltwunder wieder ein: die blutende Fichte von Meschede!

Wozu liest man denn diese wunderbaren Frauenzeitschriften, wenn nicht, um daraus zu lernen? Diesem Baum sagt man eine ganz außergewöhnliche Heilungsenergie nach, die er all den Menschen zugute kommen läßt, die den Glauben an das Wunderbare nicht verloren haben. Zum erstenmal entdeckt wurde diese außerordentliche Heilungsenergie im Jahre 1987, als ein Benediktinermönch des nahegelegenen Klosters an eben dieser Fichte seine Notdurft verrichtete. Dieser Mönch litt seit

Jahren unter Nierensteinen und ein operativer Eingriff stand unmittelbar bevor! Während nun der Pater an eben dieser Fichte sein Geschäft verrichtete, ging zu seinen Füßen ein gleißender Blitz in den Boden, am Himmel erhob sich ein Donnergrollen, und aus dem Donnergrollen sprach eine Stimme: „Knie nieder, Pater Konstantin, und zweifle an nichts mehr!" Und in diesem Moment lösten sich in dem Manne zwei sage und schreibe straußeneigroße Nierensteine, die zusammen die Form eines blutenden Herzens hatten. Seit diesem Tage nun entströmt dem Stamm der Fichte eine leicht harzig riechende, rötlich gefärbte Flüssigkeit, der man eine größere Heilkraft nachsagt als selbst dem Wasser von Lourdes. – So die Frauenzeitschrift.

Ich selbst hatte vor Jahren schon das Glück, einer solchen Wunderheilung beiwohnen zu können, und zwar kam eine junge Frau zur Fichte gepilgert, deren Gesicht komplett entstellt war von einer häßlichen Eiterakne. Diese Frau nun kniete vor der Fichte nieder, wusch ihre Pickel mit dem Blut der Fichte, und das Heilungsergebnis war ganz erstaunlich: die Pickel selber verschwanden zwar nicht, sie leuchteten jetzt aber in den wunderbarsten Farben, und die junge Frau war mit ihrer Akne plötzlich von einer so unirdischen Schönheit, daß ein jeder sie anstarren mußte!

An dieses wunderbare Ereignis erinnerte ich mich also und ermunterte meinen Mann, eine Pilgerfahrt zu der Fichte zu unternehmen. Nach längerem Zögern gab er nach und reiste mit mir dorthin, um seine Zähne in einem unbeobachteten Moment in das Blut der Fichte zu halten. Auch in seinem Fall ist das Heilungsergebnis ganz phantastisch: Die Zähne sitzen zwar noch genauso schlecht im Mund wie vorher, aber das Blut der Fichte hat meinen Mann von der Eitelkeit geheilt, überhaupt Zähne im Mund tragen zu wollen. Auch unsere Ehe hat ganz außerordentlich von dieser Heilung profitiert, denn immer wenn mein Mann mich nun mit seinem zahnlosen Lächeln anstrahlt, durchströmen mich ganz ungekannte Glücksgefühle, und seit einigen Tagen ist mir sogar wieder die Milch eingeschossen!

Nicht umsonst sagte schon seinerzeit der Lateiner: Medicus curat, natura sanat. Was so viel bedeutet wie: Der Arzt kassiert, die Natur saniert.

„Blumen ohne Wurzeln sind ein trauriger Anblick!"

Ich habe leider schon wieder nichts zu unserem Hochzeitstag besorgt!

„Meine Frau ist ein ganz romantischer Typ und legt viel Wert auf Zärtlichkeit!"

Der weibliche Orgasmus ist mir ein Buch mit sieben Siegeln, und ich bin nicht gewillt, darin zu lesen!

„Ich hatte einen furchtbaren Tag!"

Bitte erwarte kein erotisches Abendprogramm von mir, sondern laß mich sofort schlafen!

„Meine Frau und ich kennen uns wirklich gut!"

Sie weiß genau, bei welchen Fernsehsendungen ich auf keinen Fall gestört werden will!

„Mithilfe im Haushalt ist eine Selbstverständlichkeit für mich!"

> *Ich weiß, wo der Behälter für Schmutzwäsche steht!*

„Liebling, du hast einen so treffsicheren Geschmack!"

> *Bitte verschon' mich mit gemeinsamen Einkaufsbummeln! Kauf dir und mir was du willst, Hauptsache, du tust es allein!*

Sommerschlußverkauf

Es gibt ja wenige Sachen, die ich als meine wahre Leidenschaft bezeichnen würde, und all die Dinge, die Leuten im Sommer so Spaß machen, wie aufwendige Reisen, Schwimmbäder, Eis essen und all diese Belanglosigkeiten, die können mich nicht reizen! Aber eins gibt es doch, wo ich mich sozusagen den ganzen Sommer drauf freue, das ist der Sommerschlußverkauf! Da kann man oftmals die allerfeinsten Schnäppchen machen. Letztes Jahr habe ich beispielsweise ein Kostüm entdeckt, 100 Prozent Baumwolle, alles vom Feinsten, für sage und schreibe 29,00 DM! Da habe ich mir gleich drei Stück von gekauft, eins für sonntags, eins für werktags und eins für besondere Anlässe. Dieses Jahr wollte ich also auch wieder losziehen, und aus purem Mitgefühl habe ich meinen Mann mehr oder weniger gezwungen mitzugehen. Der war nämlich schon seit Wochen in so einer ganz miesen Verfassung. Ich sage also zu ihm: „Jetzt gehst du mal mit auf Sommerschlußverkauf, und wir kaufen dir ein paar optimistische Unterhosen, damit du auf andere Gedanken kommst!" Er war aber nicht so leicht aus seiner Knötterstimmung herauszureißen und meinte nur, er könnte es nicht einsehen, warum es seinen Unterhosen besser gehen sollte als ihm, er bräuchte keine optimistischen Unterhosen, sondern seine Ruhe, und er werde nicht mitkommen! Nun weiß ich aber aus Erfahrung, daß Männer immer überredet werden wollen, damit sie hinterher sagen können: Siehste, ich wollte ja sowieso nicht mit (wenn die Unternehmung nicht so schön war), und wenn es schön war, schweigen sie sich darüber diskret aus. Ich sage also zu ihm: „Du gehst jetzt mit, und damit basta, ich brauch' dich zum Tascheschleppen!" Wir haben also hundert Mark eingesteckt, und dann ging's ab ins Getümmel, ich immer mit meinem schlechtgelaunten Mann im Schlepptau! Ich pflege immer nach dem System vorzugehen, daß ich mich an dem Grabbeltisch anstelle, an dem die meisten Frauen sind, weil so viele Frauen sich erfahrungsgemäß nicht irren können! Ich quetschte mich also mitten in ein Knäuel Frauen und war schon fast bis zum Wühltisch selber vorgedrungen, um zu gucken, um welche Superschnäppchen es überhaupt ging, da fing mein Mann an zu quengeln: Er könne nicht mehr stehen, er müsse mal aufs Klo, ihm sei heiß und ob ich bald fertig sei! Ich war kurz vor einer mittelschweren Herzattacke, und um ihn mir ein wenig von der Pelle zu locken, sagte ich: „Jetzt lauf doch mal ein bißchen rum und guck, ob du nicht auch ein schönes Schnäppchen findest!" Diesen folgenschweren Satz sollte ich noch bitter bereuen!

Mein Mann zog bereitwillig los, und ich konnte mich endlich mit voller Konzentration mit den anderen Frauen um den besten Platz am Wühltisch zanken. Und als ich dann endlich bis zur Quelle der Glückseligkeit vorgedrungen war, sah ich, daß sich der Einsatz tatsächlich gelohnt hatte! Hunderte von Herrenunterhosen in den schillerndsten Farben mit einem Tiger im Ansprung vorne drauf und hinten auf der Rückseite der Aufdruck: „Am Abend wird der Faule fleißig." Wenn das keine optimistischen Unterhosen sind! Endlich hatte ich zehn Stück in der richtigen Größe rausgezupft, der Schweiß lief mir in Strömen den Rücken hinunter, dann ab zur Kasse, und kurz bevor ich endlich an der Reihe bin, fällt mir auf: Um Gottes Willen, wo ist der Mann! Nicht, daß mich der Verlust an sich so geschmerzt hätte, ernsthafte Sorgen muß man sich um Männer nie machen, die sind wie Fußpilz, kommen immer wieder, aber meiner hatte das Portemonnaie bei sich. Und kurz bevor ich einem Weinkrampf nahe war, kommt er auch tatsächlich um die Ecke geschlendert, strahlt wie ein Kind unter der Weihnachtstanne und trägt ein riesiges Paket unterm Arm! Er habe jetzt auch einen echten Fitsch gemacht, wir könnten nach Hause gehen, das Geld wär nun alle! Ich kriegte kaum noch Luft: „Was, um des lieben Himmels willen, ist denn in diesem Paket?" Das war das letzte, was ich noch röcheln konnte! Da hatte der Kerl sich tatsächlich von so einem Vertreter eine Teppichschaummaschine aufschwatzen lassen, und das, obwohl wir wegen seiner Hausstauballergie letzes Jahr sämtliche Teppiche haben rausrupfen lassen! Nein, er habe sich extra genau erkundigt, man könne mit dieser Maschine auch den Badewannenvorleger reinigen, und den hätten wir ja schließlich noch! Das letzte, was ich noch bewußt wahrnahm, waren eine Handvoll Frauen, die sich sofort wie die Aasgeier auf die Unterhosen stürzten, die mir aus der Hand gerutscht sein mußten. Ich kam erst wieder zu mir, als eine sehr nette Verkäuferin mich mit ein paar Spritzern Kölnisch Wasser und einem Glas Leitungswasser bearbeitete. Auf der Fahrt nach Hause, als ich meinen Mann mit einem leicht bitteren Geschmack auf der Zunge betrachte, wie er zum erstenmal seit Monaten stillvergnügt in sich hineinlächelte und „Ein bißchen Frieden" vor sich hinpfiff, da dachte ich mir: Der berühmte kleine Unterschied zwischen Männern und Frauen, der sitzt nicht an der Stelle, an der er immer vermutet wird, der sitzt im Kopf. Denn wie sagte schließlich Goethe oder Schiller oder einer von denen einst so schön: Klug ist nicht wer denkt, sondern wer es auch anzuwenden weiß!

„Über manche Sachen diskutiere ich nicht mit dir!"

Ich habe nämlich keine Argumente!

„Natürlich, du kannst gerne mal wieder deine Mutter für ein Wochenende zu uns einladen!"

Ich wollte sowieso mal wieder zum Angeln fahren!

„Du hast dich lange nicht mehr mit deinen Freundinnen getroffen!"

Ich möchte mal wieder einen Abend für mich sein!

„Hast du etwas gesagt, Schätzchen?"

Ich weiß, daß du seit einer Viertelstunde auf mich einredest, aber ich bin nicht in der Stimmung für ein Gespräch!

„Meine Frau ist ein Gesundheitsapostel!"

Sie gönnt mir meine abendlichen drei Flaschen Bier und meine Feierabend-Zigarillos nicht!

„Mir ist es egal, wo wir heute abend essen gehen! Such' du ruhig das Restaurant aus!"

Du bestimmst doch sowieso alles, und ich hasse es, vor dem Essen auch noch stundenlang zu diskutieren!

„Hausarbeit macht mir manchmal sogar richtig Spaß!"

Nur, wer kann schon oft das tun, was ihm wirklich Spaß macht!

„Geh' ruhig mal mit anderen Männern weg, weshalb sollte mich das stören!"

Deine bedingungslose Anhänglichkeit wird mir langsam lästig!

„Mit deiner ewigen Eifersucht treibst du mich ja
regelrecht in die Arme einer anderen Frau!"

*Und eines Tages werde ich dir dafür vielleicht noch
dankbar sein!*

„Eine Frau wie du kann doch jeden anderen Mann
haben!"

*Es war eine schöne Zeit mit dir, aber jetzt muß ich
leider gehen!*

„Du bist eine ganz starke Frau!"

Niemanden sonst kann man so belasten!

„Eine tolle Frau wie du wird sich doch wohl nicht über Kleinigkeiten aufregen!"

...und eine große Affäre war mein Seitensprung wirklich nicht!

Der Besuch des Dalai Lama

„Om mane padme hum, tashi Delek!" Das ist Tibetisch und bedeutet auf deutsch: Gegrüßest, du Juwel im Lotus, viel Glück! Das hatte ich mir extra aus einem Tibetanischen Sprachführer bei uns in der Bücherei herausgesucht, weil ich doch optimal vorbereitet sein wollte für den Besuch des Dalai Lama in Deutschland. Nicht, daß ich zum Buddhismus übergetreten wäre, aber irgend etwas, habe ich mir gedacht, ist an jeder Weltreligion dran. Und bis der Papst das nächste Mal nach Deutschland kommt, das kann dauern. Und daß man dann an den so nah herankommt, daß man auch tatsächlich was von dem Segen abkriegt, das ist doch recht unwahrscheinlich! Nun ist aber der Dalai Lama dafür berühmt, daß er eine besondere Nähe zur Normalbevölkerung pflegt! Ich habe mir also diese tibetischen Sätze rausgesucht, und dann nix wie ab nach Dortmund, da sollte er nämlich ankommen. Außerdem hatte ich noch, und das war der eigentliche Grund für meine Reise, die Schlafanzugjacke von meinem Mann mitgenommen, weil der seit einiger Zeit so schäbig unter Nachtschweiß leidet. Das heißt, genaugenommen leide ich darunter, weil der in einer Nacht sein ganzes Bettzeug durchschwitzt, so daß ich jeden Tag die Bettwäsche wechseln muß, und gut riechen tut das auch nicht! Jetzt hatte ich mir also gedacht, wenn ich an den Dalai Lama so dicht herankomme, daß der die Schlafanzugjacke berührt, dann kann das meinen Mann sicher von seinem Leiden befreien!

Ich stehe also mit dieser Schlafanzugjacke bewaffnet im Dortmunder Rathaus und rufe in einer Tour: „Om mane padme hum, om mane padme hum!" und fast hatte ich den Dalai Lama damit auch schon bis an mich rangelockt, da hat mir doch dieser Kinkel von der FDP alles versaut! Dieser Mensch weigert sich doch, den Katag, den tibetischen Glücks-schal, anzunehmen, und das hat zu solch einem Aufruhr geführt, daß der Dalai Lama von mir abgelenkt war, und als sich die Aufregung gelegt hatte, war Seine Heiligkeit wohl nicht mehr so in der Stimmung für meine Schlafanzugjacke, und er hat sich dann schnell von der Menge verabschiedet! Typisch Politik, dachte ich mir mal wieder, zu mehr, als einem das Privatleben zu erschweren, ist sie einfach nicht zu gebrau-chen!

„Ich bin nicht besonders religiös!"

Die Vorstellung, außer meiner Frau noch jemanden über mir zu haben, der mich überwacht, ist mir unerträglich!

„Astrologie, Esoterik und all dieser abergläubische Weiberkram sind nichts für Männer!"

Außerdem steht in meinem Horoskop, daß ich ein realitätsbezogener Mensch bin!

Drittes Kapitel

Der Mann und sein Auto

Die Zärtlichkeit einer Maschine

Jeden Samstagmorgen, ob Sommer oder Winter, Hagel, Schnee oder Sturm, vollzieht sich in unserer Straße derselbe Ritus: Punkt elf Uhr treten die männlichen Haushaltsvorstände jeder einzelnen Familie vor die Haustür, bewaffnet mit Eimern, Fensterledern und geheimnisvollen Metallflaschen mit diversen Polituren. Ohne sich gegenseitig eines Blickes zu würdigen, fangen dann alle gleichzeitig wie auf Kommando an, ihre Autos zu waschen, mit einer Zärtlichkeit und Hingabe, die uns Frauen an dem anderen Geschlecht sonst eher fremd ist. Mir selbst macht das nichts aus, denn ich denke mir, solange es überhaupt noch etwas gibt, wozu der Mann eine gefühlsbetonte Beziehung aufbauen kann, solange ist er für gewisse menschliche Belange durchaus noch erreichbar.

Eines Sommers jedoch wurde durch diesen männlichen Autowaschzwang eine bedrohliche Krise ausgelöst. Und zwar war der Sommer ungewöhnlich heiß und trocken, und irgendwann wurde über Zeitung und Radio verbreitet, daß das Autowaschen unter Androhung von saftigen Geldstrafen verboten sei. Diese Tatsache an sich stellte für die Männer unserer Straße kein Problem dar, denn wenn es um die Verwirklichung echter menschlicher Bedürfnisse geht, können Sauerländer erstaunlich antiautoritär sein. Kurzum, trotz Autowaschverbot wurde in unserer Straße weiter geschrubbt und poliert, was das Zeug hält, und alles wäre in bester Ordnung geblieben, wenn nicht unsere Nachbarin die Gelegenheit beim Schopf ergriffen hätte, auf eigenwillige Weise ewig ausstehende Rechnungen an ihrem Mann zu begleichen. Als die Männer eines Samstag morgens wieder in kindlicher Selbstvergessenheit ihren Ritus vollzogen, kam eine Polizeistreife vorgefahren (erstaunlich blankpoliert) und forderte die Männer auf, sofort die Schwämme fallen zu lassen! Unseren Männern blieb nichts anderes übrig, als sich der Staatsgewalt zu beugen und in den folgenden Wochen war keiner mehr Samstagmorgens auf der Straße zu sehen.

Unsere Nachbarin hatte sich zwar auf diesem Weg perfekt an ihrem Mann gerächt, aber die Folgen dieser Rache hatte sie nicht überblicken können. Unsere Männer versanken in eine grauenhafte Depression, aßen und tranken kaum noch, sprachen nicht und den einen oder anderen konnten wir in Vollmondnächten auf dem Dach seines Autos liegen sehen und den Mond anheulen! Der Pfarrer wetterte von der Kanzel, es sei eine schwere Sünde, die Materie anzubeten, allein, die Männer waren mit nichts zu erreichen. Auch Versuche, sie Samstag morgens mit Spielzeugautos vor die Waschschüssel zu setzen, schlugen fehl, und es war ein Heulen und Zähneknirschen in unserer Gemeinde, das seine Art hatte!

Schließlich hatten wir Frauen ein Einsehen und zogen in einer großen Bittprozession zur fast ausgetrockneten Talsperre des Nachbarortes. Noch während dieser Bittprozession tat sich der Himmel auf und entlud über unseren Köpfen einen unbeschreiblichen Platzregen, und als wir wieder nach Hause kamen, standen unsere Männer singend, weinend und lachend um ihre frischpolierten Autos herum. Wir Frauen aber gingen stillvergnügt in unsere Häuser, und bis zum heutigen Tag erinnert ein Mercedesstern am Himmel an unser Gelübde, nie wieder einen Mann am Waschen seines Autos zu hindern.

„Ich bin ein besonnener Autofahrer!"

Ich fahre selten schneller als 180 Kilometer die Stunde und langsamer nur, wenn es gar nicht anders geht!

„Schatz, laß mich lieber die Straßenkarte lesen!"

Ich werde den Verdacht nicht los, daß Frauen Straßenkarten mit Schnittmustern verwechseln!

„Autofahren bedeutet für mich Entspannung!"

Nirgendwo werde ich meine Aggressionen besser los!

„Ich versteh' mich mit der Verkehrspolizei sehr gut!"

Ich bin schon so oft angehalten worden, daß ich fast jeden Polizisten in unsere Gegend persönlich kenne!

„Ich brauche keinen Stadtplan, ich habe einen hervorragenden Orientierungssinn!"

Ich habe meine Brille vergessen und fahre lieber weiter im Kreis, als das zuzugeben!

„Unser Auto hat 74 PS, mein Schatz!"

Wenn du nicht den langsamen LKW vor uns überholst, drehe ich durch!

„Meine Frau hat wenig Übung im Autofahren!"

Ich lasse sie nur ans Steuer, wenn ich volltrunken oder unzurechnungsfähig bin!

„Lange Autofahrten sind nichts für Kinder!"

Lange Fahrten mit Kindern sind nichts für mein Auto!

„Schatz, ich halte jederzeit gerne an, wenn du hungrig wirst!"

Wehe du krümelst mir die Sitze mit Butterbroten, Keksen oder Schokolade voll!

„Ich habe einen Faible für sportliche Zweisitzer!"

Es passen keine Kinder, Hunde, Schwiegermütter und sonstige Anhängsel mit hinein!

„In jedem Mann schlummert ein Jäger!"

Und auf der Autobahn bricht das aus ihm raus!

„Ich denke, du bist emanzipiert!"

Also wechsle den platten Reifen am Auto gefälligst selbst!

„Männer sind die besseren Autofahrer. Beim Autofahren sollte man besonnen und kühl sein!"

Aber wenn dieser Idiot vor mir nicht allmählich ein bißchen schneller fährt, fahr' ich ihm hinten drauf und zerquetsche ihn wie eine Laus!

„Zwischen Frauen und Autos gibt es wesentliche Unterschiede!"

Autos werden als Oldtimer immer interessanter!

„Frau am Steuer!"

Verkehrsteilnehmer, die defensiv fahren, die Verkehrsregeln beachten und Geschwindigkeitsbegrenzungen zu ernst nehmen, sind mir ein Greuel!

„Liebling, willst du nicht lieber mit der Straßenbahn in die Stadt fahren? Dann bleibt dir die lästige Parkplatzsuche erspart!"

... und mir die Aufregung, ob mein Auto deine Spritztour unbeschadet übersteht!

„Ein Zweitwagen ist in unserer Familie absolut unumgänglich!"

Keine Beziehung der Welt kann so innig sein, daß ich mir mit einer Frau ein Auto teile!

„Autowaschanlagen sind mir zu ungründlich!"

Etwas lustvolleres, als mein Auto selbst zu polieren, kann ich mir kaum vorstellen!

„Mein Nachbar ist ein Angeber!"

Er fährt ein dickeres Auto als ich!

„Das waren noch Zeiten, als ich mit meinem alten 2 CV die Gegend unsicher gemacht habe!"

Ich bin mal ein ganz temperamentvoller, verrückter Hund gewesen!

„Große Autos sind einfach sicherer!"

... zum Beeindrucken der Mitmenschen!

„Ich habe mir vorgenommen, wieder öfter zu Fuß zu gehen!"

Man hat mir den Führerschein wegen Geschwindigkeitsübertretung entzogen!

Viertes Kapitel

Der Mann unter Männern

Deutscher Meister

Es gibt nicht allzu viele Dinge, für die mein Mann sich begeistern kann. Genaugenommen fällt mir im Moment nur eins ein, Fußball! Und da gibt es eine Mannschaft, die hat es ihm ganz besonders angetan, die heißt PVC oder BVB oder so ähnlich und die kommt aus dem Ruhrgebiet. Leider wollte es diesen Sommer der Zufall so unglückselig, daß diese Mannschaft ausgerechnet an meinem Geburtstag ein besonders wichtiges Spiel hatte. Mit viel Aufmerksamkeit hatte ich deswegen schon gar nicht gerechnet. Darum war ich auch so erstaunt, als mein Mann schon morgens früh so geheimnisvoll tat, mein Geschenk müsse erst noch geliefert werden. Als es dann kam, war mir alles klar: Es war eine dreistöckige Fußballtorte aus Marzipan, in schwarz-gelb, was wohl die Farben dieses Lieblingsvereins sind. Ich war schon spinnedoll, aber als dann am Nachmittag meine Gäste anrückten und ich die Torte anschneiden wollte, meinte er, ich solle warten, bis seine Skatfreunde kämen, die hatte er nämlich ohne mein Wissen für nachmittags zum Fußballgucken eingeladen! Als die Männer dann kamen, verzogen sie sich mit drei Kästen Bier und meiner Torte ins Wohnzimmer, und wir Frauen duften nicht mal fragen, wie es steht, weil wir angeblich mit unserem dummen Gequatsche die Stimmung kaputt machten! Als dann das Spiel endlich zu Ende war, kam mein Mann aus dem Wohnzimmer gewankt, brach in Tränen aufgelöst vor meinen Füßen zusammen und stammelte immer: „Ich fass' es nicht, ich fass' es nicht!" Ich redete ihm zu: „Nun reiß dich doch zusammen! Wenn sie diesmal nicht gewonnen haben, dann eben das nächste Mal! Man muß auch verlieren können!" „Sie haben doch gewonnen, du dusselige Kuh!" schrie er mich an. „Wir sind

Deutscher Meister!" – „Deswegen brauchst du doch nicht so zu heulen!", sagte ich, „wo du doch noch nicht mal auf der Beerdigung von Onkel Josef und bei der Geburt von unseren Kindern geweint hast!" – „Von wahren Gefühlen verstehen Frauen eben nichts!" meinte er daraufhin, und ich sollte mal rasch einen starken Kaffe kochen, den könnten sie gebrauchen! Als ich mit dem Kaffe ins Wohnzimmer kam, traute ich meinen Augen nicht! Da knien diese ganzen gestandene Kerls doch tatsächlich in einem Meer von Schweiß und Tränen auf dem Wohnzimmerteppich, vor sich ausgebreitet eine Fußballfahne, und singen: „So ein Tag, so wunderschön wie heute!" Und als ich mir die Fahne genauer angucke, da sehe ich, das ist überhaupt keine Fahne, sondern mein funkelnigelnagelneues, zitronengelbes Leinenkostüm! Das hatten sie auseinandergeschnitten und mit schwarzem Filzstift „BVB Deutscher Meister 95" draufgeschrieben! Da konnte ich nur noch weinen, und weil mein Mann gemerkt haben muß, daß etwas nicht stimmte, hat er sich klammheimlich mit der ganzen Bande und meinem Kostüm zum Feiern in die Gaststube verdrückt! Wiedergesehen habe ich ihn erst am nächsten Morgen, als ich ins Bad ging. Da saß der Mann mit runtergelassener Hose auf der Toilette, eingeschlafen! Und um den Hals hing ihm ein Schild, darauf stand: BVB, du Gott im Revier mit Herz und Hirn, wir danken dir. Da hab ich das Schild umgedreht und draufgeschrieben: Wo Herz und Hirn im Bier ertrinkt, das Beste dann im Klo versinkt! Danach hab ich die Badezimmertür von außen abgeschlossen, bin noch mal ins Bett gegangen, und so gut wie da hab ich schon lange nicht mehr geschlafen.

„Ein Mann muß tun, was ein Mann tun muß!"

Möglichst wenig, aber das mit viel Aufwand!

„Frauen sollten sich mehr für Politik interessieren!"

Aber nicht drüber reden.

„Sie ist eine militante Feministin!"

Sie lebt ohne Partner, liebt ihren Beruf, und jeder Versuch, mit ihr zu flirten, prallt an ihr ab!

„Ich habe einen tollen Abend mit meinen Kumpels gehabt!"

> *Der Alkoholpegel war dauerhaft über unserem Niveau!*

„Ich habe einen tollen Film gesehen!"

> *Sex, Crime, viel Blut und wenig Handlung!*

„Wahre Freundschaft gibt es nur unter Männern!"

Nur Männer können jahrelang befeundet sein, ohne sich wirklich nahe zu kommen!

„Fußball ist Männersache!"

Wirklich emotionale Entgleisungen sollte ein Mann nicht mit Frauen teilen!

Östrogensmog

Von Zeit zu Zeit, das sollte jede Frau verstehen, muß ein Mann mal ganz unter Männern sein! Das hat nicht nur soziale Gründe, sondern vor allem auch rein körperliche! Vor kurzem habe ich nämlich einen sehr erschreckenden Artikel in der Zeitschrift gelesen, darin steht, daß sie gesamte Männlichkeit auf das Schärfste bedroht sei! Und zwar hat ein amerikanischer Forscher, ein gewisser John Sumpter, ein ganz neuartiges Phänomen entdeckt, den sogenannten Östrogensmog. Da hat er herausgefunden, daß wir Frauen seit einiger Zeit viel zu viele Östrogene ausscheiden, ausdünsten und abstrahlen, und daher stünde die gesamte Welt unmittelbar vor einem Östrogenkollaps: die Spermienzahl eines Durchschnittseuropäers wäre beispielsweise auch deswegen in den letzten 50 Jahren um 50 Prozent zurückgegangen, die Fälle von Hodenkrebs hätten sich verdreifacht und an einem See in Florida würden 50 Prozent aller männlichen Alligatoren mit verkürzten Penissen geboren! Man stelle sich das vor! Also, liebe Frauen, so geht es ja nicht, bei aller Liebe zum eigenen Geschlecht muß ich doch jetzt mal einen ernsten Appell an euch richten! Kaum hat sich der Mann in jahrelanger Therapiearbeit von Kastrationsängsten befreit, wird seine Männlichkeit von einer Art biologisch-strategischer Kriegsführung noch dauerhafter bedroht! Wie wollt ihr den triumphalen Sieg der Weiblichkeit denn feiern, wenn es in ein paar Jahren überhaupt keine Besiegten mehr gibt! Denn selbst wenn es euch gelingen sollte, in einem Schachzug weiblicher Hinterlist den letzten noch funktionsfähigen Männern so viel taugliches Sperma abzuluchsen, daß ihr euch auf Jahrtausende hinaus einen Vorrat auf Eis legen könnt, dürft ihr euch wirklich so sicher sein, eure Vermehrung durch

Zellteilung bis zu dem Zeitpunkt perfektioniert zu haben, an dem auch das letzte tiefgefrorene Sperma verbraucht ist. Ich appelliere an eure Vernunft, Frauen, besinnt euch wieder auf alt bewährte Methoden! Wetzt eure Zungen, schmiert eure Hirne, kehrt wieder zum bewährten Klagen und Zetern zurück, laßt von mir aus die Männer in einem Meer von Tränen und Muttermilch ertrinken! Denn erst wenn der letzte Baum der Männlichkeit gefällt ist, werdet ihr euch wieder besinnen, daß es sich gleichgeschlechtlich nicht halb so lustvoll streiten läßt! Und ein großer Klagelaut wird die entmännlichte Welt erschüttern und ein Heulen und Zähneknirschen wird sein, wenn ihr ein letztes Mal singt: Sag' mir, wo die Männer sind …

Frauen, ich flehe euch an, haltet ein mit diesem inflationären Verströmen eurer Hormone, laßt die Welt nicht im Östrogen ersticken, und wenn ihr denn garnicht abzubringen seid, diese Waffe einzusetzen im Kampf um bessere Futterplätze, so laßt euch wenigstens erweichen, sparsam umzugehen mit eurem Dunst. Besinnt euch auf eine uralte Volksweisheit, die da besagt: Steter Tropfen höhlt den Stein!

„Ich hatte ein wichtiges Gespräch mit meinem Freund!"

Er hat mir von seinen Abenteuern im letzten Single-Urlaub erzählt!

„Ich bin ein Mann mit Prinzipien!"

... und mein wichtigstes Prinzip ist es, nicht so streng mit mir zu sein!

„Frauen mit hohen Absätzen sind aggressiv!"

Ich hasse es, wenn ich zu einer Frau aufschauen muß!

„Ein Mann, ein Wort!"

Jetzt weißt du, warum ich so wenig rede!

„Ein Mann braucht seine Freiheit!"

Und eine Frau, die sie ihm beschneidet!

„Ich bin ein Mann, der von Zeit zu Zeit ein Abenteuer braucht!"

Für mich kann es sehr abenteuerlich sein, eine fremde Frau anzulächeln!

„Natürlich unterhalten wir uns nicht nur über Frauen, Fußball und Autos …"

Schließlich müssen Männer auch miteinander schweigen können!

„Eine Frau, die ich zu gut kenne, verliert ihren Zauber!"

Spätestens wenn eine Frau anfängt, sich vor meinen Augen die Mitesser auszudrücken, ist die letzte Runde eingeläutet!

„Frauen sind so furchtbar unberechenbar!"

Und was ich nicht berechnen kann, ist mir unheimlich!

„Ich mag Frauen mit eigener Meinung!"

Vorausgesetzt, sie weicht nicht von meiner ab!

„Sie ist eine ganz süße Maus!"

Ahnungslos, jung, naiv und bedingungslos bereit, mich zu bewundern!

„Sex und Liebe sind nun mal zwei Paar Schuhe!"

Und wer trägt schon gern an einem Fuß Hausschuhe und am anderen Pumps!

„Ich habe keine Angst vor der Midlifekrise!"

Ich kann mir nicht vorstellen, jemals wirklich aus der Pubertät zu kommen!

Wege aus der Krise

In meinen bescheidenen Augen ist der Mann ein einziger Pflegefall! Von einer Krise fällt er nahtlos in die nächste, und am allerschlimmsten ist es mit dieser Krise, die die Männer Mitte des Lebens befällt, die berühmte Mitleidskrise! Auch mein Mann ist vor einiger Zeit so schäbig reingekommen. Plötzlich konnte er nachts nicht mehr schlafen, warf sich im Bett hin und her, war am Schwitzen wie ein Ferkel im Salzteig, und dann machte er sich in seiner hoffnungslosen Ruhelosigkeit auch noch ständig an mir zu schaffen! Grauenhaft, ich konnte kein Auge mehr zutun! Und irgendwann, da dachte ich mir, das guckst du dir jetzt nicht mehr länger mit an. Und da fiel mir ein Buch ein, das ich vor einiger Zeit mit großer Begeisterung gelesen hatte, von der Carmen Thomas, über diese Urintrinkerei. Sehr interessant! Nun war mir natürlich klar, daß ich meinen Mann von allein nie dazu bringen würde, Urin zu trinken, und da hab ich mir einen kleinen Trick einfallen lassen: Und zwar trinkt mein Mann immer gerne vor dem Zu-Bett-Gehen eine heiße Milch mit einem kräftigen Schuß Cognac drin. Das erlaube ich ihm aber normalerweise nicht, weil ich nichts von Alkohol halte! Als das aber mit der Mitleidskrise so schlimm wurde, da fragte ich ihn, ob ich ihm nicht abends nochmal so einen schönen Schlummertrunk machen sollte. Da war er natürlich begeistert und strahlte mich an wie ein Kind unter der Weihnachtstanne. Ich also ab in die Küche, eine großen Topf Milch heiß gemacht! Ich kippte einen kräftigen Schuß Cognac rein und einen noch größeren Schluck „Nierensteiner Blasentröpfchen, Selbstabfüllung". Ich mußte natürlich meinen eigenen Urin nehmen, an seinen wäre ich ja unauffällig nicht herangekommen. Ich hab ihm dann ein riesiges Glas

Schlummertrunk gebracht, und das schmeckte ihm so gut, daß er gleich acht Gläser hintereinander weggetrunken hat. Danach hatte er dann einen Kopf wie ein Himbeerlutscher, und geschlafen hat er wie ein Stein. So mache ich das jetzt jeden Abend mit ihm, und Schluß ist seither mit der Mitleidskrise! Zwar schnarcht er jetzt ganz ungeheuer, aber damit kann ich leben, da leg ich ein Kissen drauf, und dann ist es gut. Nur, irgendwann muß ich möglicherweise den Schlummertrunk wieder aus dem Abendprogramm herausschmeißen, denn seit einiger Zeit hat er immer weniger Bartwuchs! Eine Tatsache, die mich eigentlich nicht stört, ich weiß sowieso nicht, warum Männer diese lästigen Haare im Gesicht haben, aber in dem Punkt ist er ja eitel, seitdem auf dem Kopf nicht mehr so viel wächst, ist ihm jedes andere Körperhaar besonders wichtig geworden. Aber selbst wenn irgendwann tatsächlich gar nichts mehr wächst und die nächste Lebenskrise ins Haus steht – ich bin mir ganz sicher, daß mir dann etwas Passendes dazu einfällt. Denn wie heißt es so schön im Volksmund: Reden ist Silber, handeln ist Gold.

„Eine Frau muß ihre eigenen Angelegenheiten regeln können!"

Wie soll ich ihr sonst meine mit einem guten Gefühl überlassen!

„Er ist ein kompletter Waschlappen!"

Er bespricht nicht nur sämtliche Angelegenheiten mit seiner Frau, sondern er gibt das auch noch zu!

„Mein Sohn ist ganz der Vater!"

Hochintelligent, bildschön und sportlich!

„Ich sollte weniger rauchen, trinken, lieben …!"

Ich bin schwach, aber interessant!"

„Manchmal beneide ich meine Eltern fast um ihre
biedere Kleinbürgerehe!"

*Wenn die abends in ihre spießigen Ehebetten fallen,
wissen sie wenigstens, daß sie dann schlafen!*

„Mit meiner Frau gehe ich nicht gerne ins Kino! Die will
ständig diese Frauenfilme sehen!"

*… nichts als Liebe, Tränen und Beziehungschaos,
davon haben wir selbst genug!*

„Liebling, ich habe dir Pralinen mitgebracht!"

Ich weiß, daß ich zwei Stunden zu spät bin, aber jetzt bin ich ja da!

„Seit der Geburt unserer Kinder ist meine Frau eine hemmungslose Glucke geworden!"

Alle Aufmerksamkeit, die früher mir galt, geht jetzt an die Kinder!

„Ich komme sofort und helfe dir!"

Wenn du in einer Stunde noch nicht fertig bist, schau ich mal nach, ob es nicht noch bis morgen Zeit hat!

„Meine Tochter ist ganz wie die Mutter!"

Kompliziert, verschwenderisch und geschwätzig!

Fünftes Kapitel

Der Mann und seine Arbeit

Der Intelligenztest

Der aufmerksamen Leserin wird sicher auffallen, daß das Kapitel über die Arbeit des Mannes vergleichsweise knapp ausfällt. Das mag auf den ersten Blick in einem Mißverhältnis stehen zu der Zeit, die ein Mann mit Arbeiten verbringt und vor allem zu der Bedeutung, die er dieser Tatsache in seinem Leben beimißt. Wenn ich dieses Kapitel dennoch so kurz abhandle, so ist das darauf zurückzuführen, daß der Mann sich zwar an den Rand eines Herzinfarktes arbeiten kann, wenn wir Frauen ihn aber über genauere Informationen zu Sinn und Hintergründen seiner Arbeit ausquetschen, so werden wir doch meist mit den Standards „viel", „schwer", „wichtig" und „verstehst du nicht" abgespeist. Nun gibt es selbstverständlich auch viele Frauen, die hart, schwer, viel oder zuviel arbeiten, aber all diesen Frauen ist eins gemeinsam: Sie sind jederzeit bereit, genau über ihre Arbeit und alle damit verbundenen Freuden und Leiden zu erzählen. Da drängt sich mir die Frage auf: Was hat der Mann zu verbergen? Wenn ich meinen Mann auf diese Frage anspreche, flüchtet er sich in die Begründung, daß es zwischen der Intelligenz von Männern und Frauen gravierende Unterschiede gebe und daß ein Mann über komplizierte Zusammenhänge mit einer Frau nicht sprechen könne! Da mag er recht haben, denn das geht mir genauso: Über komplizierte Zusammenhänge aus meinem Alltag kann ich mit meinem Mann nicht sprechen, da hört seine geistige Kapazität schon beim Memorieren bestimmter Familiendaten auf. Darum ahne ich schon lange, daß wir Frauen den Männern in puncto Intelligenz meilenweit voraus sind! Seit kurzem nun habe ich den Beweis dafür.

Ich mache gern diese psychologischen Tests in Zeitschriften

mit. Und da konnte man neulich in einer Frauenzeitschrift mit Hilfe eines solchen Tests den eigenen Intelligenzquotienten ermitteln. Da machste mal mit, habe ich mir gedacht, hast ja nichts zu verlieren! Und dann habe ich alle Fragen so beantwortet, wie es vorgegeben war. Da hatte ich doch tatsächlich laut Ergebnis einen Intelligenzquotienten von 540!! Da war selbst ich zugegebenermaßen etwas erstaunt. Dann habe ich aus purer Neugier den Test auch für meinen Mann gemacht. Ich habe alle Fragen so beantwortet, wie er es mit Sicherheit auch getan hätte. Tja, und da hatte der arme Kerl einen Quotienten von 470! Tat mir ja auch leid, aber wo nichts ist, da ist auch nichts zu holen. Als er am Abend nach Hause kam, habe ich ihm das natürlich alles brühwarm unter die Nase gerieben, wofür ist frau schließlich verheiratet. Das muß er aber wohl komplett in den falschen Hals gekriegt haben. Erst guckte er mich so an wie eine Gurke im Essigglas, und dann meinte er: „Mia, daß bei dir im Dachstübchen eine Latte nicht ganz fest sitzt, das hab' ich immer schon geahnt! Einen Intelligenzquotienten von 540, den gibt es doch gar nicht! Es ist doch erwiesen, daß selbst Einstein nur 160 hatte!" – „Ja nun", habe ich geantwortet, „es ist doch genauso lange klar, daß Einstein nur einseitig begabt war!" Da winkt er ab und meinte, ob ich denn jetzt mit meinem überdurchschnittlichen Intelligenzquotienten in die Küche gehen und Abendbrot machen könne! Als ich die Wurst aufschnitt, da hab' ich mir gedacht: Die Wahrheit kennen ist viel wert, die Wahrheit sagen stets verkehrt!

„Meine Kollegin ist ein eiskalter Fisch!"

Sie hat tatsächlich noch nicht gemerkt, was für ein attraktiver Mann ich bin!

„Beruflich erfolgreiche Frauen finde ich bewundernswert!"

... und Frauen, die ich bewundere, finde ich absolut unerotisch!

„Ich werde mich in Zukunft mehr um die Familie kümmern!"

Ich bin fristlos entlassen!

„Die Armbanduhr ist ein Symbol der Unfreiheit!"

Ich kann einfach nicht pünktlich sein!

„Eine Frau als Chefin kann ich mir nicht vorstellen!"

Frauen in übergeordneten Positionen sind geschlechtslose, eiskalte, männerverachtende Radikalfeministinnen!

„Ich liebe meinen Beruf über alles. Ich könnte gut ohne Ferien auskommen!"

Etwas Anstrengenderes, als ununterbrochen mit der Familie zusammen zu sein, kann ich mir kaum vorstellen!

Ein Herz für Daheimgelassene

Jedes Jahr um dieselbe Zeit wird jede Familie auf die allergrößte Belastungsprobe gestellt! Dann, wenn sie ausbricht, die deutsche Krankheit, das Reisefieber, und die Menschen sich in gigantischen Blechkarawanen immer weiter dem Hautkrebs entgegenschieben, spielen sich auf den Autobahnraststätten furchtbare Familientragödien ab!

Sie kennen ja alle die jedes Jahr gleichlautenden Schreckensmeldungen: Kaum sind die Menschen über die Raststätten hinweggezogen wie die Heuschrecken, hinterlassen sie dort Berge von Unrat und Müll und häufig leider auch noch das, was sie bis vor kurzem als ihr Allerliebstes bezeichnet haben: ihren Hund, ihre Katze oder, und nun kommen wir zu dem häßlichsten Trend, seit einiger Zeit auch von ihren gewissenlosen Ehefrauen sinnlos betrunken gemachte Männer, die einfach aus dem Auto gestoßen werden und in heillosem Schmerz über die Autobahnraststätten krabbeln und auf irgendein barmherziges Menschenkind warten, das sich ihrer annimmt. Ich hab ja für vieles Verständnis, und ich kann auch beim besten Willen verstehen, daß eine Frau mal schön Urlaub machen möchte! Aber doch nicht auf dem Buckel der ärmsten der Armen! Und vor allen Dingen, wo landen diese armen Kreaturen dann: In diesen grauenhaften Heimen für fallengelassene Männer, wo sie mehr vegetieren denn leben! Nein, das find' ich nicht schön! Und darum habe ich mir auch etwas sehr Schönes einfallen lassen, um diesem Elend Abhilfe zu schaffen! Ich biete jeden Sommer einen Service für daheimgelassene Ehemänner an. Wenn Sie mich rechtzeitig informieren, und gegen eine entsprechende Aufwandsentschädigung, komme ich einmal am Tag bei Ihrem Mann vorbei, mache das Fenster auf, klopfe ihm die Schuppen von der Anzugjacke, mache den Fernseher mal aus, schäle Äpfelchen in mundgerechte Stücke und stecke sie ihm in den Mund, ziehe das Klo ab … Und wenn Sie noch ein paar Mark mehr drauflegen, bin ich sogar bereit, mit Ihrem Mann so zu schimpfen, wie er es eigentlich gewöhnt ist! Wenn Sie dann braungebrannt und gut erholt aus Ihrem Urlaub zurück sind, können Sie nahtlos da weiter machen, wo sie selber aufgehört haben! Denn wie heißt es doch so schön im Volksmund: Edel sei der Mensch, hilfreich die Frau!

„Mein Handy ist ein notwendiges Übel!"

Frauen haben Stöckelschuhe, um sich größer zu machen, Männer eben ein Handy!

„Mein Kollege ist ein devoter Ehrgeizling!"

Er ist ständig schneller und besser und hat mich auf der Karriereleiter längst überholt!

„Ein Mann sollte seine Karriere ernst nehmen!"

Alles was ich ernst nehme, macht mir keinen Spaß!

„Ich mach mir nichts aus Geld!"

Ich habe mich schon wieder nicht getraut, meinen Chef um eine Gehaltserhöhung zu bitten!

„Die Farbe Ihres Kostüms paßt überhaupt nicht zu der Farbe Ihres Schreibtischstuhls!"

Vergessen Sie nie, daß Frauen im Beruf für mich hauptsächlich zu Dekorationszwecken da sind!

„Ich habe zur Zeit viel zu tun, wahrscheinlich werde ich in der nächsten Zeit viel Überstunden machen müssen!"

Meine neue Kollegin schaut mich so an – da könnte durchaus eine kleine Affäre drinsitzen!

„Arbeit ist das halbe Leben!"

Und die andere Hälfte: Sich darüber beklagen!

„Ich würde ja gerne arbeiten, aber für die meisten Jobs bin ich hoffnungslos überqualifiziert!"

Warum soll ich mich quälen, meine Frau verdient doch gut!

„Mein Computer ist mir der liebste Kollege!"

Überschaubar, anspruchslos und schweigsam!

„Mein Chef ist ein ganz toller Typ!"

Er läßt keine Frau im Betrieb aus, kann einen Stiefel vertragen, fährt rasante Flitzer und arbeitet nur, wenn's nicht anders geht!

„Ein Mann, der freiwillig den Hausmann spielt, dem fehlen die nötigen Hormone!"

Viel arbeiten, ohne ständig dafür gelobt zu werden ... nichts für einen Mann!

„Meine Frau ist ein absoluter Karriere-Bremsklotz!"

Sie nimmt ihre eigenen Angelegenheiten wichtig und erwartet ständig, daß ich mich mit um die Familie kümmere!

Sechstes Kapitel

Der Mann und die Schönheit

Problemzonen

Eine Frau, tausend kleine Problemzonen, ein Mann, eine einzige große. Wer sich erst auf gängiges Schönheitsdenken einläßt, ist in meinen Augen schon verraten und verkauft. Denn in einem Punkt sind wir alle gleich: Alle werden älter, einige reifer, die wenigsten schöner. Das ist in meinen Augen normal und keineswegs bedauerlich. Deswegen war ich auch so erstaunt, als mein Mann mir eines Tages zum Geburtstag einen Gutschein für einen Aufenthalt auf so einer Schönheitsfarm in die Hand drückte. Ich gucke meinen Mann so von oben bis unten an und sage: „Ja, das könnte ich jetzt natürlich machen, auf so eine Farm fahren, mich straff rubbeln lassen wie ein zwanzigjähriges Reh und mich womöglich noch dazu in diese Dessous schmeißen, die heute so modern sind! Aber hast du schon einmal darüber nachgedacht, daß dann natürlich auch meine Ansprüche in puncto Schönheit steigen? Wenn ich mir vorstelle, ich komme so frisch geschrubbt von so einer Farm nach Hause und werfe dann einen kritischen Blick auf dich, wie du abends im Fernsehsessel lümmelst . . ."

Machen wir uns doch nichts vor, auch beim Mann unterliegen diverse Körperteile der Schwerkraft. Außerdem war schon immer meine Devise: „Je faltiger die Haut, desto größer die Bewegungsfreiheit!"

„Schöne Männer sind entweder eitle Gockel oder schwul!"

Ich bin zwar nicht der Schönste, aber ausgesprochen interessant!

„Doch, dein neues Kleid ist ganz wunderbar!"

Nur, du kannst so etwas nicht tragen!

„Äußerlichkeiten sind nicht so wichtig, du solltest mehr auf innere Werte achten!"

Du gibst zu viel Geld für Kleidung aus!

„Ich habe so viel zu tun, ich komme oft noch nicht einmal dazu, mich zu rasieren!"

Ich weiß, daß ich mit meinem Dreitagebart einfach unwiderstehlich bin!

„Ich bin ein ausgesprochen lustbetonter Typ!"

Jedes Kilo Übergewicht habe ich mir bewußt und mit Stil zugelegt!

„Ein Hut macht mich einfach seriöser!"

Meine beginnende Glatze muß ich nicht unbedingt der Öffentlichkeit präsentieren!

„Ich liebe legere Kleidung!"

Sie kaschiert so wunderbar meinen Bauchansatz!

„Du siehst mit Brille so intelligent aus!"

... und das paßt nun einmal nicht zu dir

„Schatz, quäl' dich doch nicht mit einer Diät herum!"

Koch' endlich mal wieder was Gescheites und nerv mich nicht mit deiner schlechten Laune!

„Du kannst doch wirklich noch kurze Röcke tragen!"

Deine Beine sind irgenwie erstaunlich viel jünger geblieben als der Rest!

„Daß du so viel Torte essen kannst – mir ist schon nach einem Stück schlecht!"

Mußt du dich eigentlich beim Essen so gehenlassen? Andere Frauen in deinem Alter haben doch auch noch Figur!

„Du hast so hübsche Lachfalten!"

Wie wär's mit einem Lifting!

„Liebling, für mich bist du die Schönste!"

Ich habe eben einen Blick für das Verborgene!

„Sag mal, deine Freundin sieht aber neuerdings rassig aus!"

Vielleicht solltest du mal Friseur und Kosmetikerin wechseln!

„Die Frau von meinem Kollegen hat so von ihrem Wochenende auf der Beautyfarm geschwärmt!"

Willst du nicht auch mal langsam etwas gegen deine Verfallserscheinungen tun?

„Männer, die zu viel auf ihr Aussehen achten, haben doch nur Minderwertigkeitsprobleme!"

Wenn eine Frau nicht merkt, daß in ausgebeulten Jeans und fleckigen T-Shirts ein interessanter Mann steckt, ist sie mir sowieso zu unsensibel!

„Eine Krawatte ist der Strick, an dem der Mann seine Freiheit aufhängt!"

Liebling, ich glaube nicht, daß ich dich heute zu dem Empfang begleiten möchte!

„Du siehst in allem toll aus!"

Verwickle mich bloß nicht in ein Gespräch über Mode! Zieh einfach irgend etwas an, und laß uns endlich gehen!

„Schatz, du hast einen sehr unkonventionellen Kleidungsstil!"

Hoffentlich hast du für diese grauenhafte Patch-workdecke, die du da trägst, nicht auch noch Geld ausgegeben!

„Ich glaube, du bist ein bißchen dünn angezogen! Dir wird sicher kalt werden!"

In diesem ordinären Fetzen kannst du unmöglich unter die Menschen gehen!

Siebtes Kapitel

Der Mann und die Freizeit

Wenn Männer zu viel liegen

Neue Zeiten, neue Probleme! Der moderne Mensch von heute hat ein großes Freizeitaufkommen zu bewältigen. Für die Frau kein Problem, eine Frau weiß sich ja immer sinnvoll zu beschäftigen! Sei es mit dem Haushalt, den Kindern oder den Kindern der Kinder. Oder, wenn tatsächlich einmal überhaupt nichts in der Richtung anfallen sollte, kann frau sich nahezu hundertprozentig darauf verlassen, daß sich ihr Lebensgefährte im entscheidenden Moment einen saftigen Magen-Darmvirus zulegt, der auch gepflegt sein will! Was aber wird aus dem Mann der, sagen wir mal, durch Arbeitslosigkeit, Arbeitszeitverkürzung oder Rentenalter plötzlich aus seinem gewohnten Trott gerissen wird, nun zu Hause herumliegt und die heimische Atmosphäre verpestet! Denn machen wir uns doch nichts vor, Frauen, auch der unordentlichste Keller ist irgendwann aufgeräumt und kein Auto kann mehr als sauber gemacht werden, ohne deutliche Lackschäden davonzutragen. In dem Fall gilt es dem Mann so schnell wie möglich den Eindruck neuer, schweißtreibender Wichtigkeit zu verleihen. Und so habe ich zusammen mit anderen Frauen nach der Lektüre des Bestsellers „Wenn Männer zu viel liegen" die erste echte Männerbewegung e. V. gegründet. In Zusammenarbeit mit dem deutschen Turnerbund, dem ADAC, den ortsansässigen Krankenkassen und der Polizei haben wir ein flächendeckendes Konzept entwickelt, wie der neue Mann sinnvoll bewegt werden kann. Und wie dankbar unser Konzept angenommen wird, kann jede und jeder bei einem Spaziergang durch Wald und Flur beobachten. Sehen wir doch allerorten lustig bunt gekleidet Männer auf Mountainbikes, auf Rennrädern und in Joggingschuhen mit schmerzverzerrten Gesichtern durch die Gegend keuchen. Alles ein Verdienst unserer Vereinigung! Die Krankenkassen waren so begeistert von unserer Aktion, daß sie sich sogar mit einer großen Plakataktion beteiligt haben. Überall in der ganzen Republik sieht man jetzt riesige Plakate mit glücklich veschwitzten Männergesichtern darauf, und bundesweit gilt seitdem der Slogan:

Wer rastet, der rostet; wer rostet, der kostet!

„Ich bin ein sportlicher Typ!"

Ich verbringe 99 Prozent meiner Freizeit in Jogging-Hosen!

„Sport ist eine ungeheuer wichtige Sache!"

Meine Samstagsabendsportschau ist mir heilig!

„Ich brauche mein abendliches Jogging als Ausgleich für meinen anstrengenden Job!"

… außerdem wird der Abend zu Hause erst richtig gemütlich, wenn die Kinder im Bett sind!

„Ich bin ein leidenschaftlicher Hobby-Angler!"

Bei keinem Sport ist die Chance so groß, daß meine Frau mich nicht begleitet!

„Wir hatten einen ganz aufregenden Abend!"

Der Fernseher war kaputt und mein Auto sprang nicht an!

„Wir sollten mal wieder essen gehen!"

Du kochst in letzter Zeit einfach grauenhaft!

„Schulden sind heutzutage vom wirtschaftlichen Standpunkt aus betrachtet günstig!"

Ich habe letzte Nacht schon wieder mein halbes Gehalt verspielt!

„Ich sehe eigentlich recht selten fern!"

Meistens schlafe ich vor der Kiste sofort ein!

Nachbarschaftshilfe

Ich bin ja schon lange der Ansicht, daß man für den Besitz eines
Fernsehers eine Art menschliches Reifezeugnis braucht. Aber
was sich vor einiger Zeit bei uns in der Nachbarschaft abge-
spielt hat, das schürt in mir den Verdacht, daß ein Waffen-
schein auch nicht schaden könnte. Alles fing damit an, daß
unsere Nachbarn sich bei uns beschwerten, unser Kater Moses
mißbrauchte ihren Komposthaufen als Katzenklo. Unser
Moses würde so etwas nie tun, aber davon waren Schlipprüters
nicht zu überzeugen. Also haben wir unseren Moses ein paar
Tage im Haus gehalten, und tatsächlich, der Komposthaufen
wurde weiter mißbraucht. Irgendwann waren Schlipprüters
darüber so erbittert, daß sie ihren Komposthaufen an den ent-
sprechenden Stellem mit Unkraut-Ex präparierten, und spätestens da ahnte ich Unheil aufziehen. Als wenige Tage später
der Rauhhaardackel von Laukämpers so eigenartige Fellverät-
zungen am Hinterteil hatte, da wußten alle, wer der Kompost-
haufenschänder gewesen war. Wenn es aber irgend etwas gibt,
was in unserer Nachbarschaft heilig ist, dann ist das Laukämpers Dackel. Das Schlimmste stand zu befürchten, und als
Schlipprüters zu ihrem alljährlichen Rügenurlaub antraten,
war Laukämpers Stunde der Rache gekommen. Ohne zu
zögern haben die RTL angerufen und bei so einer Über-
raschungssendung angegeben, Schlipprüters hätten nur einen
sehnlichen Wunsch, und der wäre, daß der Garten komplett
gekachelt würde! Sofort rückte ein riesiger Bautrupp samt
Kamerateam von RTL an, und ehe man sich's versah, war der
ganze Garten gekachelt. Als Schlipprüters von Rügen wieder-
kamen, trauten sie ihren Augen nicht. Bei dem Anblick des
gekachelten Gartens brach Frau Schlipprüter weinend zusam-

men, was das versammelte Kamerateam als Rührung auslegte und Frau Schlipprüter mit einem Strauß Blumen um den Hals fiel. Die Rache von Schlipprüters war erwartungsgemäß ganz fürchterlich. Sofort haben die nämlich ein Kamerateam von der wunderschönen Sendung „Vermißt" auf eine verschollene, erbberechtigte Tante von Laukämpers angesetzt, und wenn es dem Team tatsächlich glücken sollte, diese Tante ausfindig zu machen, haben Laukämpers ihre Tage in ihrer schönen Ortsrandvilla gezählt! Dann bleibt mir als umsichtiger Nachbarin nur, beide Parteien so schnell wie möglich zu der zauberhaften Sendung „Verzeih mir" zu zerren, bevor bei uns in der Nachbarschaft Eduard Zimmermann vor der Tür steht.

„Ich bin ein alter Weltenbummler, an keinem Ort kann ich lange bleiben!"

Immer wenn Leute mich richtig kennenlernen wollen, ist's mit der Gemütlichkeit vorbei!

„Tanzen ist nichts für einen richtigen Mann!"

Zappelnde Gliedmaßen, entgleiste Gesichtszüge ... mein Gott, ist das peinlich!

„Ich bin literarisch sehr interessiert!"

Ich lasse keinen „Kicker", keinen „Playboy" und keine „Bild-Zeitung" aus!

„Boxen ist ein echter Männersport!"

Wenn ich mich schon selbst nicht prügle, schau ich wenigstens gern dabei zu!

„Der Hund ist der beste Freund des Mannes!"

Wenigstens der ist zu bedingungsloser Liebe fähig und weiß stets, wer das Sagen hat!

„Ich bin ein kulturbegeisterter Mensch!"

Zweimal im Jahr muß ich meine Frau in die Oper begleiten!

„Schachspielen ist nichts für Frauen!"

Ausschließliche Hirnaktivität, bei der man sich stundenlang anschweigt ... welche Frau würde sich darauf einlassen!

„Frauen aus der Küche, heute kocht der Chef persönlich!"

Erlesene Schmankerl auf den Tisch und die Küche in irreparablem Chaos ...

„Gartenarbeit ist eine wunderbare Möglichkeit der Entspannung!"

... und Entspannung hat meine Frau einfach nötiger als ich!

„Ich habe keine überhöhten Ansprüche an meine Arbeit!"

Ein paar Flaschen Bier, Füße hoch und Fernsehen bis zur Bewußtlosigkeit!

„Freizeit? Kenne ich gar nicht!"

Achtung, Sie sprechen mit einem wichtigen Menschen!!!

„Meine Schallplatten- und CD-Sammlung ist mein ganzer Stolz!"

Ich bin ausgesprochen musikalisch, und das darf auch jeder sehen!

„Die Video-Kamera ist eine der großartigsten Erfindungen!"

Auf jeder Familienfeier habe ich seither etwas Sinnvolles zu tun, ohne mich mit den Familienmitgliedern näher befassen zu müssen!

Nachwort

Nun haben wir uns zusammen durch die Wirrnis männlicher Sprache gearbeitet, und der einen oder anderen kritischen Leserin wird sich nun die Frage aufdrängen: Gibt es nicht auch viele Frauen, die mit doppelter Zunge reden? Ist das Verschleiern unserer Aussagen nicht eher ein menschliches Phänomen denn ein männliches?

Da würde ich Ihnen dann uneingeschränkt Recht geben! Aber trotzdem behaupte ich, daß es nicht *einen* Mann auf dieser Welt gibt, der dieser Tatsache ein ganzes Buch widmet!

Herzlichst

Lioba Albus

Starke Frauen lesen

Frauenblicke
Hrsg. von Gabriele Hartlieb
Band 4440
Die neue Frau: Stark, aber auch sanft. Sie hat Ausstrahlung und Stil,
Power und Gelassenheit. Erfahrungsberichte, die einen staunen lassen...

Ruth Pfau
Verrückter kann man gar nicht leben
Ärztin, Nonne, Powerfrau
Band 4436
Illegal im Afghanisthan-Krieg. Allein auf Himalaya-Pfaden. Zupackend
im Elend der Städte. Eine atemberaubend starke Frau, die vor den Mauern
der Not nicht haltmacht.

Fatima Mernissi
Der Harem in uns
Die Furcht vor dem Fremden und die Sehnsucht der Frauen
Band 4430
Geschichten über ein Leben in einer Gemeinschaft starker Frauen – wie
Heldinnen aus 1001 Nacht.

Sybille Kremer
Dirty Tricks – was tun?
Wie Frauen Fallen erkennen und Karrierespiele gewinnen
können
Band 4393
Das Spiel um die Karriere: Nicht in die „Sind-Sie-so-nett-Falle" tappen,
sondern beherzt Cleverness entwickeln!

Ursula Salentin
Sieben Wege in die Präsidentenvilla
Von Elly Heuss bis Christiane Herzog
Band 4390
Sieben eigenwillige, starke Lebensläufe – nicht nur an der Seite eines
großen Mannes.

HERDER / SPEKTRUM

Irmgard Rühl
Erfolg ist weiblich
Der neue Karriereknigge
Band 4388
Für Frauen auf dem dornenreichen Weg nach oben im Beruf.

Barbara Krause
Der verbrannte Schmetterling
Das abenteuerliche Leben der Fotografin Tina Modotti
Roman
Band 4382
Schon zu Lebzeiten eine Legende: Tina Modotti, die schöne, starke,
freiheitsliebende Italienerin. Stationen eines buntschillernden Lebens.

Doris Rothen
Hier stehe ich – rühr mich nicht an!
Wie Frauen sich aus Gewaltbeziehungen befreien
Band 4369
Frauen sind täglich körperlicher oder auch seelischer Gewalt ausgesetzt.
Mutmachende Beispiele, hilfreiche Adressen und Tips.

Evelyn Tampe
Frauen, wehrt Euch endlich!
Die Opferrolle verlassen und sich vor Gewalt schützen
Band 4351
In ihrem wichtigen Ratgeber beschreibt die erfahrene Kriminalratgeberin
Tampe wie Frauen auf dem nächtlichen Nachhauseweg ihrer Angst Herr
werden können und sich gegebenenfalls auch wehren können.

Jorge Amado
Der Gestreifte Kater und die Schwalbe Sinhá
Eine Liebesgeschichte
Band 4337
Ein zartes Märchen vom großen Poeten Lateinamerikas.

HERDER ⁄ SPEKTRUM

Ludwig Harig
Zum Kap der guten Hoffnung
Das Lesebuch zur Lebenslust
Herausgegeben von Benno Rech
Band 4331

„Der Jongleur der Sprache" (FAZ) setzt alles daran, seine wagemutigen
Leser ans „Kap der guten Hoffnung" zu bringen.

Lea Ackermann/Cornelia Filter
Frau nach Katalog
Sextourismus und Frauenhandel – und was eine couragierte
Nonne dagegen tut
Band 4320

Christine Swientek
Mal sehen, was das Leben noch zu bieten hat
Das fünfzigste Jahr oder die bessere Hälfte des Lebens
Band 4298

Noch einmal ganz neu anfangen: In der zweiten Lebenshälfte kann frau
selbst entscheiden, wie es weitergehen soll. Ein heiter-freches Tagebuch.

Claudia Harss/Karin Maier
Joghurt allein genügt nicht
Aktive Streßbewältigung für berufstätige Frauen
Band 4275

Beruf, Haushalt, Mann plus Kinder – alles kein Problem? Oder
Dauerstreß pur? Oft können einfache Tricks den Alltag verändern. Wenn
frau sie kennt.

Hanns Dieter Hüsch
Das Schwere leicht gesagt
Mit einem Vorwort von Uwe Seidel
Band 4274

Zwischen Bibel und Brecht: Querdenker-Texte mit Tiefgang von der
Seele des deutschen Kabaretts, Hanns Dieter Hüsch.

HERDER / SPEKTRUM

Barbara Krause
Diego ist der Name der Liebe
Frida Kahlo – Leidenschaften einer großen Malerin
Band 4270

Den Schmerz von Körper und Seele schreit sie in ihren Bildern hinaus:
Frida Kahlo, die große surrealistische Malerin. Ihre Liebe zu dem Künstler
Diego Rivera war so kompliziert, fesselnd und intensiv wie ihr ganzes
Leben.

Barbara Krause
Camille Claudel – Ein Leben in Stein
Roman
Band 4111

Sie war ein Genie und zerbrach an der Ignoranz ihrer Zeit.
Die mitreißende Geschichte eines Lebens gegen jede Konvention.

Fatema Mernissi
Der politische Harem
Mohammed und die Frauen
Band 4104

„Fesselnd, mit großer Sensibilität, einer Mischung aus Zurückhaltung
und Kühnheit geschrieben" (Le Figaro).

José Luis Sampedro
Das etruskische Lächeln
Roman
Band 4022

Erst wenn man wirklich gelebt hat, überdauert das Lächeln auch den Tod.
„Eine lesenswerte zeitgemäße Familiensaga!" (Münchner Merkur).

Christine Swientek
Mit 40 depressiv, mit 70 um die Welt
Wie Frauen älter werden
Band 4010

Älterwerden nicht als Last, sondern als Lust und Chance.
„Dieses Buch ist eines der positivsten und handfestesten, die es zu dieser
Thematik gibt" (Frankfurter Rundschau).

HERDER / SPEKTRUM